I0154620

LES AFRICAINS

OU LE

TRIOMPHE DE L'HUMANITÉ;

COMÉDIE EN UN ACTE ET EN PROSE,

Représentée sur les principaux Théâtres de la République.

Par LARIVALLIÈRE.

A PARIS,

Chez MEURANT, Libraire, cloître Honoré.

L'AN TROISIÈME.

YTh
268

Je déclare que je poursuivrai devant les Tribunaux, tout entrepreneur de Spectacles qui feroit représenter cette Comédie sans mon consentement par écrit.

Paris, le 21 Prairial, l'an troisième de la République Française, une et indivisible.

LARIVALLIERE.

A MA MÈRE.

C'est à toi , ma tendre mère , que je dédie ce faible ouvrage , premier fruit de ma plume ; c'est le don de l'amitié. Pour tracer le meilleur , le plus sensible des pères , il ne m'a fallu que lui prêter ton cœur , et j'ai fait parler le mien en peignant le plus re-connaissant des fils.

LARIVALLIERE.

PERSONNAGES.

AGA , (noir), habitant de l'Isle.

ZAMOR , fils d'Aga , et amant de Zélia.

ZÉLIA , (négresse), élevée par Aga.

DORVILLE , (blanc), capitaine d'un navire en traite.

DAUSIER , (blanc), second capitaine.

COMPTAR , (blanc), chef d'un comptoir de l'Isle.

Foule de Nègres , Négresses et Matelots.

La Scène est à Juda , côte d'Afrique.

LES AFRICAINS

OU LE

TRIOMPHE DE L'HUMANITÉ,

COMÉDIE.

Le Théâtre représente une plaine semée d'arbres Africains ; à droite, au pied d'une montagne est une mauvaise cahute ; l'enfoncement offre la mer, un navire arreté, et quelques bouts de montagnes.

SCÈNE PREMIÈRE.

COMPTAR, DAUSIER, (*venant de la mer*).

COMPTAR.

OH ! vous avez bien raison, monsieur Dausier, la vertu est une belle chose.

DAUSIER.

Tous les hommes sont d'accord là dessus ; mais tous ne la pratiquent pas : notre patrie dont je vous parlois tout-à-l'heure, en a fait une funeste expérience, bien des scélerats l'ont déchirée, en se couvrant du masque imposant de la probité.

COMPTAR.

Eh, ne les en avez-vous pas punis ?

DAUSIER.

Si fait ; mais leur mort n'a point guéri la plaie qu'ils ont faite a l'humanité.

COMPTAR.

Vous êtes le premier Français qui a porté toutes ces nouvelles à la côte d'Or. Je suis bien curieux de revoir ma patrie.

DAUSIER.

Mais vraisemblablement vous y reviendrez bientôt.

COMPTAR, (avec vivacité).

Eh, pourquoi si promptement ?

DAUSIER.

Lorsque nous sommes partis, la traite étoit à la veille d'être supprimée.

COMPTAR, (*d'abord surpris, puis en colère*).

Supprimée ! Comment, supprimée ? Ce seroit une horreur, une abomination, éteindre le commerce; ah ! Cela seul gâteroit tout ce que vous avez fait.

DAUSIER, (*à part*).

Parce que cela diminue ses richesses. Les hommes jugeront-ils toujours par leurs intérêts?

COMPTAR.

La France seroit ruinée, vous y seriez tous pauvres : plus de fortune, plus de café, plus de sucre, plus de bonheur.

DAUSIER.

Croyez qu'il n'est pas un homme sensible qui ne sacrifie sans peine de frivoles jouissances qui coutent si cher à l'humanité.

COMPTAR.

Contes que tout cela !.... Je n'en crois rien.... tout seroit perdu, si la traite étoit supprimée ; (*regardant la montagne, et appercevant Aga qui en descend*); ah, ah ! c'est Aga : ai-je bien son billet sur moi ? (*il cherche son porte-feuille*); oui, le voici.

A 4

D A U S I E R.

Avez-vous quelques papiers à me remettre?

C O M P T A R.

Non; c'est un engagement du noir que j'apperçois là-haut.

D A U S I E R.

De ce bon-homme?

C O M P T A R.

Oui; c'est un bon vieillard à qui j'ai des obligations : lorsque j'arrivai matelot dans cette isle, il me prit en amitié, me plaça sur un comptoir qu'il régissoit alors; je lui dois enfin ce que je possède aujourd'hui.

D A U S I E R.

Que de générosité !

C O M P T A R.

Il est étonnant par son esprit naturel et ses bonnes qualités; on l'aime et le respecte dans tout le canton.

D A U S I E R.

Vous doit-il beaucoup?

COMPTAR.

Cent piastres, pour du corail que j'ai vendu l'année dernière à un de ses amis dont il s'est rendu caution.

DAUSIER.

Et il est obligé de payer pour lui?

COMPTAR.

Oui; son ami est mort; mais je crains qu'il ne le puisse pas.

DAUSIER, (*avec bonté.*)

Eh bien, tant mieux!

COMPTAR.

Comment, tant mieux?

DAUSIER.

Sans-doute; il vous a rendu des services, c'est un moyen de vous acquitter.

COMPTAR.

Je n'entends pas cela. Le beau plaisir!

DAUSIER, (*à part.*)

L'ingrat! (*haut.*) Je vous laisse avec lui.

CONPTAR.

Allons, bonjour monsieur Dausier ; je vous reverrai pour quelques **ventes de** Nègres.

DAUSIER.

Ce n'est pas à moi, c'est au capitaine qu'il faut vous adresser.   (*Il sort.*)

SCÈNE II.

COMPTAR, AGA, (*n'appercevant point Comptar et allant pour entrer dans sa cahute.*)

COMPTAR, (*lui frappant sur l'épaule*).

Bon jour, bon-homme Aga.

AGA.

Eh, bonjour, monsieur Comptar; comment vous portez-vous.?

COMPTAR.

Bien, mon bon ami; fort bien. D'où venez-vous?

AGA.

Du haut de la montagne ; mon fils chasse dans le morne voisin, je crains toujours qu'il ne lui arrive quelqu'accident.

COMPTAR.

Il est agile et robuste.

AGA.

Il m'est précieux ce cher enfant ; il m'aime tant... tant! Il a de si bonnes qualités!

COMPTAR.

Il est charmant.

AGA.

C'est l'ouvrage de la nature ; il a senti ses devoirs, il les remplit plus exactement que si je les lui avois prescrits. Il faut que le cœur parle aux hommes.

COMPTAR, (avec indifférence).

C'est possible.

AGA, avec feu.

Possible ! C'est sûr. L'homme qui ne sent pas, qui n'a pas un cœur, de l'humanité, l'amour de la patrie, est un monstre qu'on devroit étouffer pour le bonheur de son pays.

COMPTAR.

C'est mon avis. Mais, à propos, voilà le billet de cent piastres que vous m'avez cautionné pour le défunt Azor ; il échoit aujourd'hui.

AGA.

Hélas ! en l'obligeant je ne songeois pas aux peines qui pourroient suivre ce plaisir ; mais quand j'y aurois pensé, je lui eusse également rendu ce service ; cela fait tant de bien !... Je n'ai pas oublié ce billet ; il m'eut donné bien du chagrin, si un autre que vous en étoit porteur.

COMPTAR.

Voulez-vous me l'acquitter ?

AGA.

Ah, oui, je le voudrois ; mais je ne suis pas riche, il me faut travailler longtemps pour gagner une aussi forte somme.

COMPTAR.

C'est votre faute ; pourquoi avoir laissé cette excellente place que vous occupiez sur un comptoir négrier ?

A G A.

Parceque j'en ai senti toute la bassesse, toute l'inhumanité : jeune, je la gardai sans réfléchir, mais quand la raison m'a ouvert les yeux, quand j'ai connu tout le prix d'un homme, j'ai frémi d'avoir osé le vendre, et je mourrois plutôt mille fois que de faire encore ce commerce abominable.

COMPTAR.

Fausse délicatesse... Pour des noirs....

A G A.

Comment, des noirs ? Ne sommes-nous pas frères ? Comptar, les climats changent l'extérieur des hommes ; mais leur cœur est partout le même.

COMPTAR.

Enfin, de quelle manière voulez-vous me payer ?

A G A.

En fatiguant mon corps par un travail pénible, en vendant ma sueur le plus que je pourrai ; mais non pas en commettant des crimes.

COMPTAR.

J'ai besoin de cet argent.

AGA.

Je vous le donnerai, attendez un peu de tems.

COMPTAR.

Il me le faut aujourd'hui.

AGA.

Aujourd'hui ! oh, vous ne me refuserez pas un petit délai ? Désormais tout le fruit de mon travail sera pour vous, les chasses de mon fils, les pêches de Zelia, vous aurez absolument tout.

COMPTAR.

Je ne puis vous attendre.

AGA.

Vous ? Le plus riche de l'isle ? Quelques mois seulement, nous y joindrons les intérêts.

COMPTAR.

C'est impossible.

AGA.

Vous avez donc oublié l'amitié du bon-
homme Aga ?

COMPTAR.

Je sais combien je vous suis redevable ;
mais j'ai absolument besoin de cette somme ;
je suis gêné.

AGA.

Vous rebutez mes larmes ? Ces larmes
qui ont souvent coulé pour le moindre de
vos maux , ne peuvent vous toucher aujourd'hui ? Mon bon ami , consultez votre
cœur , et voyez si vous voulez me faire de
la peine.

COMPTAR.

J'y répugne ; mais j'y suis forcé.

AGA.

N'apprendrai-je jamais à connoître les
hommes, moi qu'ils ont si souvent trompé ?

COMPTAR , (*après un moment de silence*).

Tu as un bon moyen pour t'acquitter
promptement avec moi.

A G A.

Quel est-il ? Parlez.

COMPTAR.

Vends ton fils, nos lois t'y autorisent.

A G A, (*avec sentiment*).

Homme barbare ! Vous prononcez ces mots, et ne frémissez pas ? Plutôt vous payer de mon sang que de suivre ces lois abominables. Moi, vendre mon cher fils ! Vous ne savez donc pas ce que c'est d'être père ?

COMPTAR.

Je sais qu'un père est le maître du sort de son fils.

A G A.

Vains discours. Un homme est à lui, et n'appartient à personne ; et quand encore il m'appartiendroit, croyez - vous que je payerois mes dettes de son bonheur ? Croyez-vous que je ne lui ai prodigué mes soins et mes caresses que pour en tirer plus d'argent ? Quel mérite a donc ce métal à vos yeux, pour éteindre dans votre cœur jusqu'aux sentimens de la nature ?

COMPTAR.

COMPTAR.

Tes camarades le sent bien.

AGA.

Leur crime est votre ouvrage. Comment
ce soleil que nous adorons, souffre-t-il que
quelques ambitieux fassent ainsi le malheur
d'une nation entière? Un jour le règne de
la raison reparoîtra, les hommes apprendront à se connoître, et vous serez victimes
de l'ignorance où vous les avez plongés.

COMPTAR.

Vos menaces m'ennuient, et je pourrois
bien vous forcer......

AGA.

M'y forcer? Juste ciel! Il le pourroit;
personne ne prendroit ma défense. — Excusez ma vivacité; mettez-moi aux travaux
les plus fatiguans, payez-moi la moitié de
leur valeur, employez le reste de mes jours
pour acquitter cette dette; mais laissez-moi
la liberté.

COMPTAR.

Il ne falloit pas contracter des dettes,
vous l'eussiez conservée.

B

A g a.

Me faites - vous un crime d'avoir obligé
mon ami ?.... Vous ne savez donc pas tout
le bien que cela fait ?....... Non , non ;
si vous le saviez, vous ne me refuseriez pas.

C o m p t a r.

Trève de sensibilité et de beaux discours ;
je n'ai pas de tems à perdre , il me faut de
suite mon payement.

A g a.

J'apprends à te connoître ; mes bienfaits
sont déjà oubliés. Qui t'établit ici ? Qui t'y
a nourri plusieurs années ? C'est cet Aga
que tu refuses : je t'obligeois alors , je te
supplie aujourd'hui.

C o m p t a r.

Je n'ai qu'un mot : il me faut de l'argent.

A g a.

C'est envain que je le sollicite. Eh bien ,
tu vas causer mon malheur ; mais je ne
ferai point celui de mon fils , je ne le sa-
crifierai point.... Mene-moi, moi-même au

capitaine qui achète des hommes ; voyons si le reste de ma vie peut acquitter la foible somme que je te dois.

C O M P T A R , (*surpris*).

Vous ?

A G A.

Oui , moi. Ce procédé t'étonne , tu sacri-fierois tout à ton intérêt ; mère , fils , rien ne conteroit à ton infâme personnalité ; viens , homicide , viens vendre le mal-heureux qui prit soin de ton enfance ; n'en-visage que l'argent qui va t'en revenir ; oublie tous les devoirs , tous les sentimens d'humanité.

C O M P T A R , (*à part*).

Lui !... N'importe ; il me faut de l'argent. (*Haut*) , allons.

A G A , (*avec sensibilité*).

Grand dieu ! Je mourrai de douleur ; mais le sang de mon fils ne payera pas cette dette. (*Appercevant Zamor qui descend la montagne*). Juste ciel ! Je le vois qui s'avance. Entraîne-moi, cruel, consomme ton ouvrage , dérobe lui jusqu'aux derniers regards de son père.   (*Ils sortent*).

SCÈNE III.

ZAMOR, (*seul*).

(*Il descend lentement la montagne, un arc sur l'épaule, et un paquet de gibier à la main, qu'il pose contre un arbre*).

Bien bonne chasse aujourd'hui.... Voilà de quoi nourrir long-tems mon père et ma maîtresse.... (*il se promène*) ; nous bien heureux sans ce vilain billet.... comment faire pour le payer ?.... Nous travaillerons ; avec de la santé et du courage on peut se passer des autres, mes bras sont foibles encore ; mais ils leveront de pésans fardeaux, quand ce sera pour soulager mon père, pour acquitter une dette d'honneur, et pour le bonheur de ma chère Zélia. Mais elle accourt bien agitée.

SCÈNE IV.

ZÉLIA, ZAMOR, (*ils se jettent dans les bras l'un de l'autre ; Zélia toute essoufflée vient du côté où Aga et Comptar sont sortis*).

ZÉLIA.

Mon bon ami !

ZAMOR.

Qu'as-tu , ma chère ?

ZÉLIA.

Ah , grand malheur !

ZAMOR.

Dis vite.

ZÉLIA.

Ton père !

ZAMOR, (*effrayé*).

Grand dieu ! Que lui est-il arrivé ?

ZÉLIA.

Lui vendu !

ZAMOR.

Lui vendu? Oh! non , non; ça pas possible.

ZÉLIA.

Moi sûre, te dis-je ; pour Comptar.

ZAMOR.

Cet homme l'y auroit-il forcé? Lui pas assez cruel : mais peut-être mon père n'a t-il pu soutenir plus long-tems le fardeau d'une dette. Moment terrible !

ZÉLIA.

Nous bien chagrins ! eh! que faire , bon ami ?

ZAMOR.

Mon devoir, ma Zélia, en m'échangeant pour lui.

ZÉLIA.

Toi? Pas moi vouloir souffrir.

ZAMOR.

Tu me conseilles de laisser ses vieux ans plier sous des liens affreux, faits pour le vice, et dont on charge la vertu? Lui que nos lois autorisoient à me vendre, et qui ne l'a pas fait? Lui qui se sacrifie au bonheur de son fils.

ZÉLIA, (*avec sentiment*).

Et amour à nous?

ZAMOR.

Va me faire mourir, mais non manquer à mon devoir.

ZÉLIA.

Toi m'aimer plus!

ZAMOR.

Je t'adore, mais je dois tout à mon père.

ZÉLIA.

Amour foible quand devoir l'emporte.

ZAMOR, (*avec passion*).

Toi soupçonner Zamor? Zélia, ma chère Zélia, au nom de l'amitié, de l'amour qui nous attache, dis-moi de faire mon devoir, et ne m'en empêche pas. Moi, jeune, et encore foible, je te l'avoue en frémissant, j'ai presque balancé... Ah! Ma Zélia, ne souffre pas que je me rende indigne de toi, que j'avilisse l'amour pur qui nous anime.

B 4

ZÉLIA.

Toi laisser moi, ton cœur capable? Ah ! Bon ami, ça devenir Zélia?

ZAMOR.

Tu soulageras la vieillesse de mon père; bientôt ses bras ne le nouriront plus, son fils ne sera pas auprès de lui, il faudra donc qu'il meure?.... Ah ! Veux-tu toujours l'abandonner, lui qui prit soin de ton enfance?

ZÉLIA, (*vivement*).

Non, non; moi rester pour gagner sa vie: (*avec douleur*) mais, hélas! Toi partir aujourd'hui, et moi mourir demain.

ZAMOR.

Prends courage, ma chère, espérons.

ZÉLIA.

Hé ! Qu'espérer? Quand toi sera loin de moi, mort alors bien belle.

ZAMOR.

Tu restes aux lieux de sa naissance, chaque objet t'y rappellera un souvenir agréable.

ZÉLIA.

Toi parti, isle plus belle, ciel plus pur, moi comme Bananier là, (*montrant un arbre*) lui mourir si soleil étoit perdu.

ZAMOR.

Qu'il est cruel de ne pouvoir associer son devoir et ses gouts! Mais mon père souffre, et je diffère! Embrasse-moi, bonne amie, je cours le délivrer, (*ils s'embrassent*).

ZÉLIA.

Ah! t'embrasser, oui; mais t'abandonner non, (*il s'échappe de ses bras, elle crie avec tendresse*) Zamor!....

ZAMOR, (*au cri de Zélia s'arrête dans l'enfoncement*).

Zélia!

ZÉLIA.

Nous toujours séparés.

ZAMOR, (*touchant son cœur*).

Toi toujours présente là.

ZÉLIA.

Ah! Oui; mais là n'est guères.

ZAMOR.

Nous avoir fait devoir, ame sera tranquille ; il faut du courage, ma chère, nous serons plus heureux séparés, qu'ensemble avec des reproches à nous faire.

ZÉLIA, (*après avoir rêvé*).

Bon dieu ! Bon dieu ! Ah ! Oui ; bien bonne idée pour pas séparer nous.

ZAMOR, (*revenant*).

Comment donc ? Eh ! Dis vite, ma chère, dis vite à ton amant.

ZÉLIA.

Moi tout de suite me vendre à capitaine pour beaucoup d'argent que je donnerai à ton père ; lui content avec richesse ; et nous partir ensemble.

ZAMOR, (*avec tendresse*).

Lui heureux sans Zamor ni Zélia ?

ZÉLIA.

Lui plus besoin de travailler du tout.

ZAMOR.

Mais qui soutiendra sa marche chancelante? Qui essuiera ses larmes? Qui prendra soin de ses vieux ans? Les services qu'on achète, ne ressemblent guères à ceux qui nous sont donnés. Non, non, Zélia, il ne nous reste aucuns moyens. Ayons donc du courage.

ZÉLIA, (*triste*).

Idée pas bonne! J'en étois si contente; lui pourtant riche alors.

ZAMOR.

Ce sont des soins plus que de l'argent qu'il faut à mon vieux père. Eh puis en te vendant, tu ignores les maux que blancs te feroient éprouver, s'ils ne nous séparoient pas, peut-être....

ZÉLIA; (*avec force*).

Nous séparer? Ah! Moi leur en défie; plutôt m'arracher à morceaux de tes bras.

ZAMOR.

Adieu, adieu; ne nous abusons plus. Je cours demander au capitaine les chaînes de mon père. Navire pas partir tout de suite, nous nous reverrons encore quelques fois. (*Il l'embrasse et sort*).

SCÈNE V.

ZÉLIA, (*passionnément*).

MOI te suivre, ou rester morte ici. (*Après un instant de silence*) lui s'en aller et moi rester? Ça pas possible : moi le suivre, le suivre partout, et ne l'abandonner jamais. Père à lui malheureux, moi lui devoir service, moi ingrate peutêtre; ah! Non pas ingrate : moi tout faire, tout donner pour lui, excepté laisser mon amant.... Ah, bon, bon! Déjà lui qui retourne avec capitaine.

SCÈNE VI.

ZÉLIA, le CAPITAINE DORVILLE, ZAMOR, (*venant de l'enfoncement; quelques* MATELOTS)

LE CAPITAINE.

QUE dis-tu, mon ami? Tu veux t'échanger pour le vieillard que je viens d'acheter?

ZAMOR.

Oui, monsieur, (*à Zélia*) retire-toi,
ma chère.

ZELIA, (*à Zamor*).

Non, moi vouloir rester.

LE CAPITAINE, (*à Zamor*).

Quelle raison t'y détermine ?

ZAMOR.

Une bien forte.

LE CAPITAINE.

Mon enfant, tu es encore jeune ; tu ne
connois pas tout le prix de la liberté.

ZAMOR.

Au contraire, c'est à mon âge qu'on
s'enflamme pour elle. Ah ! La liberté ! Elle
est pour moi bien précieuse.

LE CAPITAINE.

Eh, quelques pièces d'or te la font sacrifier ?

ZAMOR, (*avec feu*).

Plutôt mourir.

ZELIA, (*vivement*).

Pas vous connoissez l'y.

LE CAPITAINE.

Quelle est donc ta raison ?

ZAMOR.

La crainte de votre mépris m'arrache mon secret : ce vieillard est mon père.

LE CAPITAINE.

Généreux fils !

ZAMOR.

C'est un devoir que mon cœur m'ordonne de remplir.

LE CAPITAINE.

(*à part*). Que de vertus chez un homme de cette espèce ! (*haut*). Tout m'étonne en toi, tes sentimens et ton langage ?....

ZAMOR.

C'est l'ouvrage de mon père.

LE CAPITAINE.

Eh, pourquoi s'est-il vendu ?

ZELIA, (*vivement*).

Pour payer dette à l'homme qui l'a con-
duit à vous.

ZAMOR.

Hélas ! Il gémit sous le poids de ses chaînes ; souffrez que j'aille l'en délivrer.

LE CAPITAINE.

(*à part*). Quel domage si ce jeune homme
vertueux étoit abruti par les travaux de St.
Domingue ! (*haut*). Non , mon ami, je
ne veux pas te permettre ce que tu me
demandes.

ZAMOR.

Vous me refusez !.... Ah ! Je vous en
supplie. Infiniment plus jeune que mon
père , je vaudrai plus d'argent , je travaille-
rai d'avantage ; ce corps vous servira plus
long-tems.

LE CAPITAINE.

Je sais que j'agis contre mes intérêts ;
mais, jeune homme, ton père est vieux,

sa carrière ne peut être longue, il sera
bientôt déchargé de ses fers; et toi aux
premiers jours de ta vie, tu les porterois
encore cinquante années, peut-être : juge
des maux que tu te prépares; tu t'en repen-
tirois bientôt.

ZAMOR, (*avec sentiment*).

Me repentir d'avoir fait mon devoir ?
Ah ! Monsieur, comment nous jugez-vous ?
Vous croyez donc que les noirs n'ont pas
un cœur ? Quand le travail sera pénible,
quand le fardeau sera lourd, je me dirai :
c'est l'ouvrage de mon père, et je le ferai
avec gaieté.

LE CAPITAINE.

Tu ne connois pas les maîtres que je
vais te donner....

ZAMOR.

Je les crois bien cruels; mais si ce sont
mes jours que vous voulez épargner, si c'est
mon bonheur que votre cœur désire, monsieur, je vous supplie, ne me refusez pas.

Le

LE CAPITAINE.

Écoute ; je suis ici pour quelques mois, prends le tems de réfléchir.

ZAMOR.

Vous me conseillez de le laisser gémir quelques jours dans les fers ? Hélas ! Je souffrirois plus que lui. Ne l'avez-vous pas attaché avec d'autres esclaves dans le fond d'un cachot, où ils respirent à peine ? N'avez-vous pas confondu cet être vertueux avec des hommes vicieux et criminels ? Et vous voulez que je l'y abandonne ? Quel espèce de bon cœur avez-vous donc ? Comment pouvez-vous donner ce conseil à un fils ?

LE CAPITAINE, (*à part*).

Que ce langage m'étonne !

ZAMOR.

Mon cher monsieur, vous allez me voir mourir si vous me refusez.

LE CAPITAINE.

Tu m'intéresses : je ne t'engage à différer

C

tout échange que parceque j'espère que tu trouveras le moyen d'acheter sa liberté sans aliéner la tienne.

Z é l i a, (*avec joie*).

Ah! Oui, oui, bon capitaine, bien entendre. Zamor, nous tous deux travailler pour racheter ton père.

Z a m o r.

Généreux mortel, votre procédé me surprend; nous trouvons rarement de l'humanité chez les gens de votre couleur; mais, hélas! Je n'en puis profiter, notre pays est sans ressource; plusieurs années de travail ne suffiroient pas pour payer la rançon de mon père.

L e C a p i t a i n e.

Tes amis!

Z a m o r.

Vous nous avez armez les uns contre les autres et nous n'en avons point. On vend son fils pour avoir de l'argent, comment m'en prêteroit-on pour racheter mon père?

LE CAPITAINE.

Je ne peux plus lui résister. Prends les chaînes de ton père, prends-les, respectable fils, et sois sûr que je te les adoucirai.

ZAMOR, (*avec transport*).

Vous me les accordez? Vous me les accordez? Ah! Je vous en remercie.

LE CAPITAINE.

Ta conduite serviroit d'exemple aux nations les plus policées ; ton ame est pure, tu trouveras des jouissances dans les fers que tu vas prendre. Sois mon ami ; reste libre dans ton isle, jusqu'au moment du départ. (*à part*). Récompensons la vertu par-tout où elle se trouve.

ZAMOR, (*lui baisant la main*).

Vous me comblez de bienfaits.

ZÉLIA, (*tendrement*).

Lui vendu, lui faire devoir ; moi mourir s'il faut l'abandonner.

ZAMOR.

Mon père gémit.

C 2

LE CAPITAINE, (*aux matelots*).

Qu'on amène ce vieillard. (*les matelots vont le chercher*). Je vais lui rendre la liberté, mais tes mains pures ne seront point liées tant qu'elles m'appartiendront.

SCÈNE VII.

LE CAPITAINE DORVILLE, ZÉLIA, ZAMOR, AGA, DAUSIER, troupe de MATELOTS, NÈGRES et NÉGRESSES.

(*Deux matelots amènent Aga, dont les mains sont enchaînées*).

AGA.

OU me conduisez-vous mes amis? Voulez-vous augmenter mes regrets?

ZAMOR, (*appercevant son père*).

Ah, mon père ! (*ils s'embrassent*).

AGA.

Dieu ! Mon fils ! Voilà tout ce que je redoutois.

ZÉLIA.

Vous bien chargé. (*Elle soutient ses chaines*).

LE CAPITAINE.

Matelots, ôtez-lui ses chaînes. (*Deux matelots les lui détachent*).

AGA.

Me les ôter! Quel bonheur imprévu! Monsieur, qu'est-ce que cela veut dire?

LE CAPITAINE.

Ton fils vient s'échanger pour toi.

AGA.

Lui? (*Aux matelots*) Laissez-moi ces fers. Grand dieu, quel présent je lui auros fait!

ZAMOR.

Ah, donnez-les moi, ils sont indignes de vous.

AGA.

Le sont-ils plus de toi? Laisse-les moi, ils me rappellent le service rendu à mon ami; je ne leur trouve d'affreux que la séparation qui va les ██vre.

C 3

LE CAPITAINE.

Que tous ces gens m'étonnent. !

ZAMOR.

Respectable père, nos lois vous autorisoient à m'en charger.

AGA.

Nos lois sont injustes et barbares, ma
conscience me défend de les suivre.

ZAMOR.

Et mon cœur me l'ordonne. Ah ! Je vous
en supplie.

AGA.

Moi faire ton malheur !

ZAMOR.

On peut encore être heureux dans des
cachots, lorsque l'injustice des hommes nous
y renferme.

AGA.

Tu as raison : c'est le crime qu'il faut
craindre. Sois toujours vertueux, suis les
lois de ton cœur et celles de la nature.
Ne te laisse point abbattre par le mépris ;

songe que c'est l'arme des sots , qu'un homme en vaut un autre , et que le meilleur est celui qui a rendu le plus de service à sa patrie.

LE CAPITAINE.

Quelle leçon! Elle est digne d'un républicain. Vieillard respectable , ton langage me surprend.

AGA.

Vous êtes étonné de trouver chez un noir quelques préceptes d'honneur ; vous nous croyez des brutes ; mais vos intérêts vous abusent ; nous avons un cœur , nous sentons comme vous ; vos richesses seules nous ont corrompus : jugez quel reproche vous avez à vous faire.

LE CAPITAINE, (*à part*)

Il a raison ; pour de foibles intérêts nous apportons le malheur chez eux.

AGA.

Monsieur , vous êtes jeune encore , ouvrez les yeux sur ce commerce. (*lui montrant les esclaves*) voyez ces malheureux , et demandez à votre cœur s'il est content de les avoir faits.

C 4

LE CAPITAINE.

Quel trait de lumière ! Des remords s'élèvent dans mon âme.

AGA, (à Zamor).

Mon fils, nous nous voyons peut-être pour la dernière fois, je vais consommer mon ouvrage, mon désir depuis vingt années, je vais t'unir à ma Zélia.

ZÉLIA, (à part).

Cœur à moi battre bien fort.

AGA.

Je vous élevai l'un pour l'autre ; donnez-moi vos deux mains, (Zamor se retire avec vivacité et Zélia très lentement) que j'emporte la certitude de votre bonheur.. ..... Comment, vous vous retirez ? Ne vous aimez vous plus ?

ZÉLIA, (avec passion).

Ah ! Si fait.

ZAMOR.

Nous nous adorons; mais votre félicité nous est plus précieuse que la nôtre. Le

sacrifice de notre amour est fait. Mon père,
je prends vos chaînes, je les prendrai
malgré vous plutôt Zélia reste pour vous
servir d'appui : vous élevâtes son enfance ;
elle soignera vos dernières années.

A G A.

Mes chers enfans, ce sacrifice m'est bien
précieux, mais il n'y auroit pas de bonheur pour moi si vous étiez séparés.

Z A M O R, (à *Aga*).

Ce capitaine est sensible, il est humain,
il s'intéresse à mon sort ; il me laissera la
liberté jusqu'au moment de son départ ;
je passerai encore quelques instans auprès
de vous.

A G A, (*au Capitaine*).

Ah ! Bon capitaine, jeune homme vertueux, accordez-moi ce que vous lui avez
promis ; permettez-moi....

L E C A P I T A I N E.

J'y consens d'un grand cœur, ta probité
me suffit pour garant.

A G A, (*avec délire*).

Mes heureux jours ne sont donc pas tous écoulés?

Z A M O R, (*avec sentiment*)

Vous persistez à garder vos chaînes? à me les refuser? Eh bien! elles resteront attachées à vos bras; mais vous ne pourrez pas m'empêcher de les soutenir. Capitaine, achetez-moi.

Z É L I A, (*avec joie*).

Achetez-moi aussi.

A G A.

Mes enfans, qu'allez-vous faire? Vendre votre liberté, votre seule richesse?

Z É L I A,

Nous tout sacrifier pour vous suivre.

LE CAPITAINE, (*attendri*)

Quel tableau!

Z É L I A.

Pas vous refusez nous?

A G A.

Ne les achetez pas , vous auriez leur malheur à vous reprocher.

L E C A P I T A I N E.

Je ne fus jamais aussi vivement ému.

Z A M O R.

Vous hésitez ?, Ah ! Prenez-nous pour rien, mais ne nous séparez pas.

L E C A P I T A I N E, (*très-attendri*).

Que vous m'attendrissez !

A G A.

Ne cédez pas.

L E C A P I T A I N E, (*très-attendri*).

Mes amis, mes bons amis, vos débats me déchirent, bon respectable vieillard, reprends ta liberté, je te la donne. Puisse cette action réparer tout le mal que j'ai fait !

A G A , (*surpris*).

Ma liberté !

Z A M O R.

Sa liberté !

Z É L I A.

Ah ! Bon capitaine, toi faire bonheur à nous, toi bien aimable.

A g a.

Vous me donnez la liberté? Vous me la
donnez ?

L e C a p i t a i n e.

Oui, je te la donne, c'est la récom-
pense de tes vertus.

Z a m o r.

Véritable ami de l'humanité, premier blanc
généreux qui aborde cette isle, ton nom
y restera en vénération; chaque jour nous
prierons le soleil de récompenser ton mérite.

Z é l i a.

Oui, tous les jours.

A g a.

A chaque instant de ma vie.

L e C a p i t a i n e.

Je jure devant vous tous, mes amis, d'a-
bandonner ce commerce abominable, digne
des nations barbares et non d'une société
policée ; si j'étois assez riche pour vous
rendre à tous la liberté, je le ferois ; mais
vous appartenez à mon armateur, et je ne
puis disposer de sa fortune.

ZAMOR, (*dans le délire*).

Mon père, ma Zélia, quel bonheur imprévu !

AGA.

Tu vois, mon fils, tout le bien qu'un honnête homme peut faire.

LE CAPITAINE.

Jeunes gens, donnez-moi vos mains l'un et l'autre, que je les unisse dans celles de votre vénérable père. Soyez heureux, et n'oubliez jamais le capitaine Dorville.

(*Il les unit*).

ZAMOR et ZÉLIA.

Ah ! Jamais !

SCÈNE VIII et dernière.

LES PRÉCÉDENS, COMPTAR, (*une lettre à la main, perçant la foule*).

COMPTAR.

OU est le Capitaine ? Où est le Capitaine ?

ZAMOR.

Te voilà, cruel ?

LE CAPITAINE.

Que veux-tu, homme inhumain ? Tu as fait le malheur de cette respectable famille qui t'a couvert de ses bienfaits.

AGA.

Monsieur m'a bien prouvé que tous les blancs ne te ressemblent pas.

COMPTAR, (*embarrassé*).

J'y ai été forcé.... — Capitaine, un navire arrivé de France à la minute , vient de me faire remettre ce paquet pour vous.

(Il lui donne).

LE CAPITAINE.

Des nouvelles de mon pays! Un paquet du gouvernement ! (*il lit*). Quelles excellentes nouvelles! Que je suis charmé que mon cœur ait prévenu les lois de mon pays! Mes bons amis , la traite est supprimée.

TOUS ENSEMBLE, (*avec joie*).

Supprimée !

DAUSIER.

Je l'avois prédit.

COMPTAR.

Quelle horreur ! (*bas*). Sauvons-nous.
(*Il s'en va*).

AGA.

Votre nation renonce à ce commerce affreux ?

LE CAPITAINE.

Oui, mes amis ; et le ministre ajoute que
tout capitaine dans ce moment en traite,
ait à rendre la liberté aux esclaves qu'il a
faits. Mes camarades, vous êtes tous libres ;
matelots, détachez leurs chaînes. (*Il con-
tinue de lire*).

(*Les matelots défont les chaînes des
Nègres et Négresses, tous font des démons-
trations de joie et de remercîmens*).

Il ajoute encore que ceux de vos frères
qui habitent St. Domingue, ne sont plus la
propriété d'autres hommes ; mais des ci-
toyens protégés par la loi. Ma nation vous
rend libres, j'en suis charmé ; je n'aurai
pas votre malheur à me reprocher....

(*Ils se réjouissent ensemble*).

A G A.

Je ne vous en ai pas moins l'obligation de ma liberté ; vous l'avez donnée avant votre nation.

ZAMOR et ZÉLIA.

Nous tout devoir à vous.

LE CAPITAINE.

Mes bons amis, les hommes n'auront plus à nous craindre, mais à nous imiter.

FIN.

(On peut exécuter un ballet de Nègres).

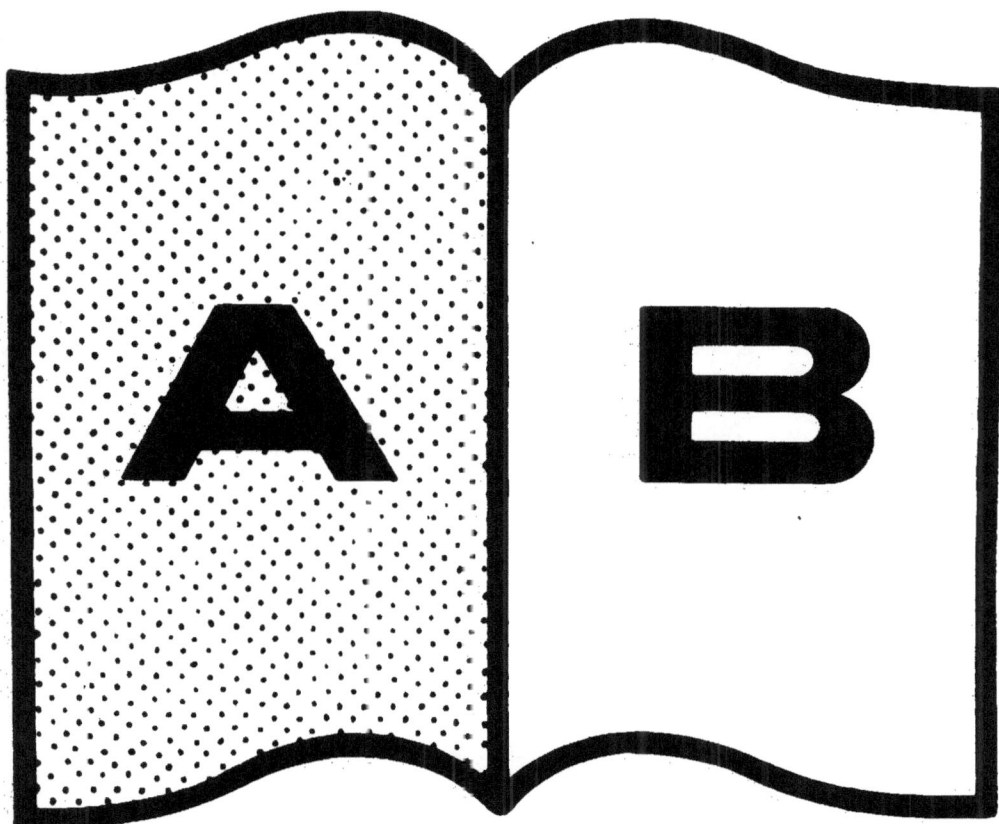

Contraste insuffisant

NF Z 43-120-14

www.ingramcontent.com/pod-product-compliance
Lightning Source LLC
LaVergne TN
LVHW052149080426
835511LV00009B/1753